TROIS SEMAINES

AUX AMBULANCES

ŒUVRE POSTHUME

D'OGER LAURENT

Membre de la Croix Rouge.

ANNÉE 1870

BRUXELLES

IMPRIMERIE ET LITHOGRAPHIE DE J. SANNES

Rue Montagne des Aveugles, 7.

1879

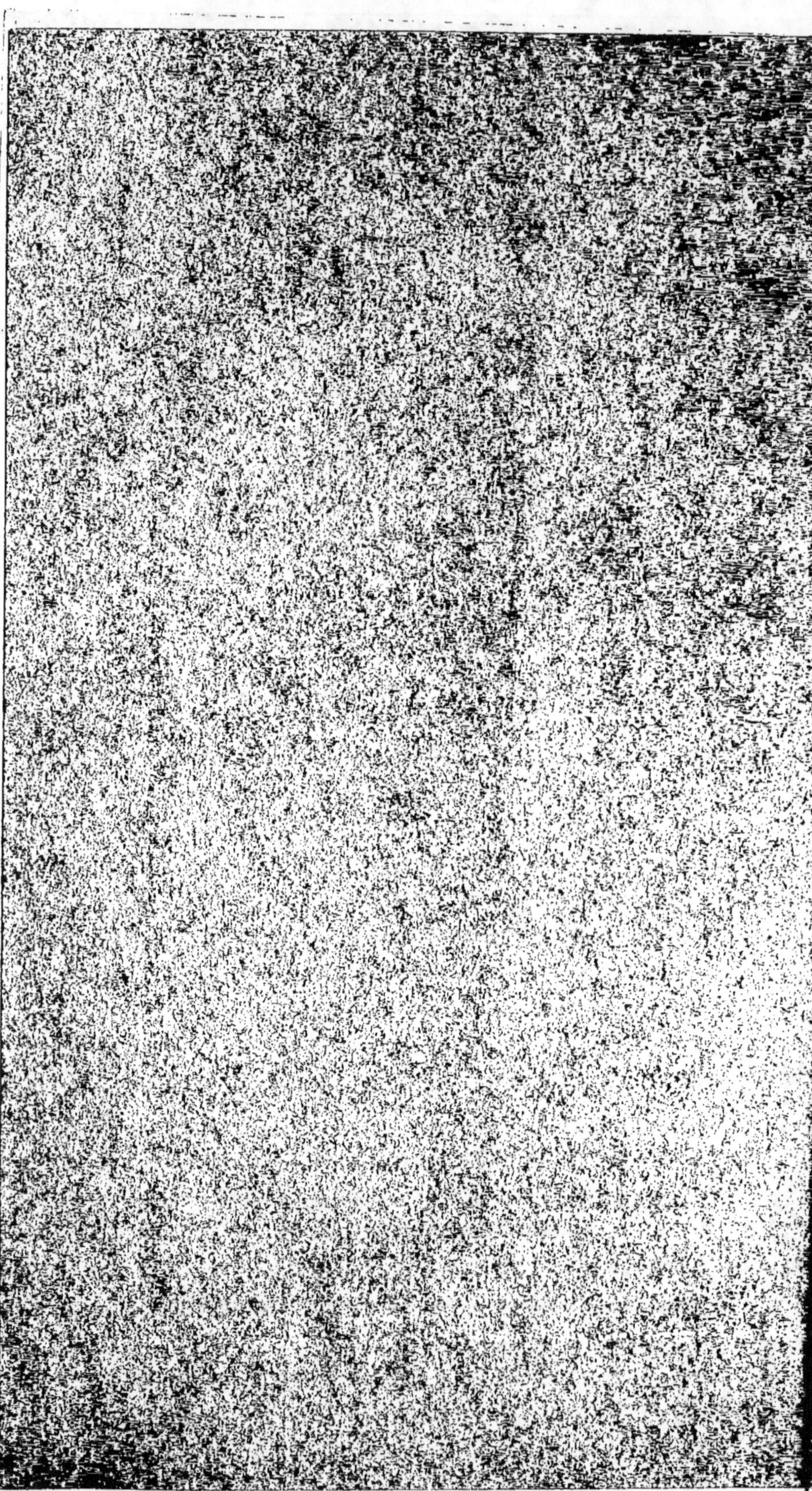

TROIS SEMAINES

AUX AMBULANCES

TROIS SEMAINES

AUX AMBULANCES

IMPRESSIONS

D'UN INFIRMIER VOLONTAIRE,

Membre de la Croix Rouge.

ANNÉE 1870

BRUXELLES

IMPRIMERIE ET LITHOGRAPHIE DE J. SANNES

7, rue Montagne des Aveugles, 7

1879

INTRODUCTION

LA SOCIÉTÉ DE LA CROIX ROUGE

En 1859, une guerre terrible éclata entre l'Autriche et l'Italie. Un homme de cœur, M. Henri Dunant, avait assisté en simple spectateur à la bataille de Solferino. Sous l'impression des tristes tableaux qu'il avait eus devant les yeux, il écrivit un livre intitulé : *Souvenirs de Solferino*. Le retentissement en fut immense. L'Europe entière frémit d'horreur en lisant ces pages saisissantes, où M. Dunant retraçait d'une main implacable les scènes affreuses dont il avait été témoin. Ce qui ressortait surtout de ce livre d'une si poignante réalité, c'était le cruel abandon dans lequel on laissait les malheureuses victimes de la guerre, qui restaient souvent plusieurs jours sans recevoir les premiers soins. Il fallait trouver un remède à ce mal; M. Dunant l'indiqua : il consistait à créer des sociétés de secours dont les membres viendraient en aide aux médecins et aux infirmiers militaires. Mais cela ne suffisait pas; il fallait encore que ces membres pussent accomplir leur tâche charitable en toute sécurité; qu'il leur fût permis de se rendre sur les champs de bataille, sans craindre d'être tués ou maltraités dans l'exercice de leurs généreuses fonctions. On décréta donc leur neutralisation : ils devaient se dévouer aux blessés des armées belligérantes sans distinction de nationalité. La solution de cette question était grosse de difficultés; mais M. Dunant ne se rebuta point. Il s'adressa à tous les Souverains pour faire consacrer cette neutralisation. Le succès répondit à son attente.

Dans une conférence internationale qui eut lieu à Genève, au mois d'octobre 1863, sous la présidence du général Dufour, quatorze puissances se firent représenter. Une convention fut signée dans cette même ville, le 22 août 1864, pour l'amélioration du sort des militaires blessés sur le champ de bataille. Bientôt chaque pays eut sa société de « secours aux malades et aux blessés militaires en temps de guerre. » Ces charitables associations prirent toutes pour emblème la *Croix rouge*, qui est le pavillon de la Suisse.

Grâce à l'admirable dévouement du regretté docteur Uytterhoeven, secondé par son digne ami, M. van Holsbeek, et quelques autres philanthropes, la Belgique a vu s'organiser chez elle cette utile association humanitaire.

Les grands et signalés services qu'elle a rendus aux malheureuses victimes de la terrible guerre qui vient de finir, ont été hautement appréciés. Le drapeau de la Croix de Genève a flotté à Bruxelles et dans d'autres villes de la Belgique, où Français et Allemands ont été soignés avec une égale sollicitude. Le Comité belge de la *Croix rouge* ne s'est pas borné à recueillir les blessés dans les ambulances établies dans les principales villes du royaume : il a enrôlé, pour les envoyer sur le théâtre de la guerre, un grand nombre de médecins et d'infirmiers, qui y ont porté secours aux malheureux soldats des armées belligérantes.

CHAPITRE PREMIER.

Départ pour le champ de bataille.

Profitant de quelques loisirs, et animé du désir de venir
en aide à mes semblables, je quittai Bruxelles le 26 août 1870,
à 6 heures du matin, pour me rendre sur les champs de bataille. Je faisais partie d'un groupe de médecins et d'infirmiers volontaires enrôlés sous la bannière de la *Croix rouge*.
Nous arrivâmes à Luxembourg vers midi. M. le Président
de la Chambre grand-ducale, que nous eûmes l'honneur de
rencontrer à Arlon, nous reçut avec beaucoup de bienveil-
lance et nous engagea à nous rendre à Trèves, où 3000 blessés venaient d'être conduits. Le lendemain, à 9 heures du
matin, nous descendions à Wasserbillig, dernière station
luxembourgeoise. Le chemin de fer avait été coupé par les
Prussiens à la frontière, de sorte que nous fûmes obligés
d'aller à Trèves en voiture.

L'aspect de cette ville antique, d'ordinaire si pittoresque,
avait quelque chose de sinistre, un air lugubre qui saisissait
l'âme ; plus de cent drapeaux de la *Croix rouge* flottaient sur
les édifices publics et sur les maisons particulières. Le silence
qui régnait dans les rues nous frappa vivement : il nous semblait que nous entrions dans un immense hôpital. C'est qu'en
effet, comme on nous l'avait dit, plusieurs milliers de blessés
y avaient été transportés des bords de la Moselle. Nous fûmes
reçus, peu de temps après notre arrivée, par M. le président

du Conseil de Trèves, qui nous remercia de nos démarches ;
il nous apprit que le service de ses ambulances venait d'être
définitivement organisé, et nous dit que nous ferions bien
de nous rapprocher des champs de bataille, où les dévouements faisaient défaut. Il nous remit ensuite des brassards au
timbre prussien, ainsi que des cartes de libre circulation pour
le théâtre de la guerre. Le président nous autorisa en outre
à visiter les principales ambulances établies dans la ville. La
première que je vis était celle de l'hôpital civil. La direction
en avait été confiée à une grande dame de nos compatriotes.
Mme la comtesse de R..... nous introduisit dans une vaste
salle garnie de lits en fer, sur lesquels étaient étendus une
vingtaine de blessés. Tous ces visages contractés par la
douleur, les cris que les souffrances arrachaient à quelques-
uns de ces malheureux, la pâleur de la mort répandue sur
leur figure, me causèrent une telle impression que je me
pris à sangloter..... j'étais frappé d'horreur et de pitié ! mais
une main qui serra la mienne, me fit bientôt comprendre que
je devais surmonter cette émotion, dans l'intérêt même des
pauvres soldats. Je fis un violent effort sur moi-même, et je
distribuai des cigares aux moins souffrants, qui les accep-
tèrent avec un doux sourire de reconnaissance.

Le lendemain matin, à cinq heures, nous partions pour
Saarbruck. Cette ville est reliée à Trèves par un chemin de
fer qui longe la vallée de la Saar. En passant à Bukringen,
nous voyons un camp prussien où 15,000 hommes attendent
l'ordre du départ pour l'Alsace. C'était la première fois qu'un
pareil spectacle s'offrait à mes yeux. Figurez-vous une prairie immense couverte de tentes et de baraques improvisées ;
çà et là des fusils en faisceaux, des monceaux de havre-sacs
et d'objets divers ; ici des soldats occupés à préparer la soupe ;
là d'autres militaires donnant des soins à de nombreux bestiaux attachés à de longs râteliers remplis de foin. Plus
loin, sur la route de Saarlouis, j'aperçois des régiments de
Hanovriens tout prêts à se mettre en marche. Ces hommes
me paraissent bien mornes ; leur attitude trahit plutôt la
tristesse que l'enthousiasme. Instinctivement je songe aux

frères et aux mères de ces braves gens, à leurs femmes, à leurs pauvres petits enfants qu'ils ont dû quitter et que beaucoup, hélas ! ne reverront plus.

CHAPITRE II.

L'Ambulance.

Nous voici à Saarbruck. Deux Belges, M. E... et Mme V. C..., qui nous ont devancés dans cette localité, ont organisé une ambulance sur le territoire de Saint-Jean. Nous nous mettons immédiatement à l'œuvre avec eux. Trente de nos compatriotes environ forment le personnel de cette ambulance, où 180 lits sont, peu de jours après, occupés par des soldats allemands atteints de la dyssenterie. Cette terrible maladie, qui doit avoir fait bien des ravages dans les armées allemandes, est de nature à vaincre les plus forts tempéraments, comme à épuiser les plus grands dévouements. J'ai vu plus d'un infirmier succomber en quelque sorte à la trop pénible besogne que ces pauvres malades occasionnaient; j'ai vu aussi plus d'une de ces admirables dames de charité tomber de fatigue et d'émotion, après avoir passé la nuit à soulager les malheureux à qui la souffrance arrachait des plaintes continuelles.

Un soldat m'a vivement impressionné parmi tant d'autres. Il était en proie aux douleurs les plus atroces; son teint était pâle et livide, il se sentait mourir. « J'au-» rais préféré tomber sur le champ de bataille, disait-il en » pleurant; ma pauvre mère s'en fût consolée plus facile-» ment..... Elle a toujours pris tant de soins de moi ! ajou-» tait-il en soupirant; comme elle sera désolée en apprenant

» que je suis mort ici, dans une baraque, entouré d'étran-
» gers, et avant d'avoir pu affronter les balles de l'ennemi. »
Heureusement, le lendemain, son état s'améliora ; quelques
jours plus tard, il était en pleine convalescence. Il écrivit à sa
chère mère, en lui annonçant qu'il allait bientôt continuer sa
route vers le théâtre de la guerre. Puisse-t-il avoir échappé
aux coups de ceux qu'il appelait ses ennemis !

Un grand nombre de soldats français blessés dans le combat du 6 août, avaient été apportés à Saarbruck. Ils étaient
répartis entre les divers hôpitaux et occupaient partout des
salles séparées des Allemands. Nous allions les voir très-
souvent ; ils étaient si heureux de notre visite ! c'est que nous
leur parlions en français. Blessés, vaincus, prisonniers, ils
étaient trois fois à plaindre. Jamais je n'oublierai les nombreux entretiens que j'eus avec beaucoup d'entre eux ; quelques-uns nous demandaient d'écrire à leurs familles. Un
brave et digne troupier avait prié Mme la baronne V... C... de
donner de ses nouvelles à ses parents. Lorsque la blessure
qu'il avait reçue au bras n'inspira plus d'inquiétude, il fut
envoyé en Prusse. Je le rencontrai dans la rue qui conduit à
la gare du chemin de fer ; il vint à moi en pleurant, et me
serrant la main, il me supplia de remercier la bonne dame
qui l'avait si bien soigné à l'hôpital. « Remettez-lui, me dit-il,
cette missive que j'ai eu le bonheur de recevoir de ma famille ;
elle y verra combien on la bénit parmi les miens. »

Il m'a été permis de copier cette lettre ; elle était ainsi conçue :

Dôle, le 27 août 1870.

« Chère Baronne et bonne Dame,
» Nous venons de recevoir votre bonne lettre, qui nous
» console et nous rassure sur le triste sort de mon malheu-
» reux frère. On le croyait mort, hélas ! depuis qu'un de ses
» camarades nous avait fait dire qu'il avait été blessé à la
» tête et laissé sur le champ de bataille, près de Saarbruck.

» A cette nouvelle, nous avons tous été dans la tristesse.
» Mon vieux père pleure toutes les fois qu'on lui parle de
» mon pauvre frère.

» Malheureusement pour nous, nous n'avons plus notre
» bonne mère. Si elle était là, elle serait morte de chagrin de
» le savoir dans un si grand péril.....

» Avec quelle joie et quel bonheur nous apprenons qu'il
» est encore en vie!

» Ma mère, du haut du ciel, veille sur lui, et Dieu le pro-
» tége.

» Combien de remercîments nous vous devons, Madame,
» pour l'intérêt que vous portez à mon frère, sans le connaî-
» tre! Mon père et toute la famille se joignent à moi pour
» vous remercier mille fois de la grande bonté que vous avez
» pour mon frère.

» M. B***. »

Presque toutes les lettres que nous dictaient nos blessés
français étaient empreintes d'un sentiment de profonde tristesse ou d'un complet découragement.

Je me souviens encore de celle qu'un sous-officier me fit
écrire pour sa femme et ses deux enfants. Il avait eu la main
droite emportée par un boulet, et une balle lui avait labouré
la poitrine; son état était très-grave. Cependant, il n'accusait
qu'une blessure à la main. Il avait conscience de la gravité
de sa situation, et plus d'une fois, en me dictant une phrase
d'espérance, il laissa échapper un sanglot de désespoir.
C'était navrant! Tous les soldats français n'étaient pas aussi
sensibles à leur malheur. J'en ai vu plusieurs qui n'étaient
rien moins qu'inconsolables, et pour qui les combats n'étaient
pas ce qu'il y a de plus horrible. Je me rappelle entre autres
un sergent dont le cynisme était révoltant. Pour lui la guerre
n'était qu'une occasion de mériter de l'avancement et de tuer
des ..... ennemis. En parlant du stoïcisme des Prussiens, il
disait : « Ces soldats-là ne reculent jamais quand ils se savent
» plus nombreux que leurs adversaires, quel que soit le
» nombre de ceux qui tombent. A la bataille de Speeckeren,
» il y eut un moment où notre régiment, placé sur une colline,
» avait devant lui, dans la vallée, comme un mur de Prus-
» siens ; nous tirions là-dedans comme dans du beurre...
» (sic) ils tombaient que c'était *plaisir à voir*..... »

Plaisir à voir ! Est-il possible d'imaginer un langage plus inhumain, plus sauvage !... voilà pourtant ce que produisent l'éducation militaire et le chauvinisme !

CHAPITRE III.

Speeckeren.

Pendant mon séjour à Sarrebruck, j'allai, à diverses reprises, au village de Speeckeren. Une ambulance belge y était établie dans l'école communale. Deux jeunes médecins et un avocat de Bruxelles y donnaient des soins aux blessés français qui avaient survécu aux privations sans nombre dont ils avaient eu à souffrir depuis la bataille du 6 août. Speeckeren est situé à l'extrême frontière française ; il compte de 1,000 à 1,200 âmes. Les habitants s'adonnent à l'agriculture, leur unique ressource. Les Prussiens y étaient entrés le 6 août au soir; ils avaient mis tous les hommes en réquisition pour enterrer les morts et relever les blessés. Douze cents de ces malheureux avaient été entassés dans les écuries, les granges et les remises du village. On en avait transporté 400 dans l'église, où ils étaient restés huit jours étendus sur les pierres humides, ayant à peine un peu de paille pour reposer la tête. Une immense fosse avait été ouverte dans le cimetière qui entoure l'église ; chaque jour lui fournissait une vingtaine de cadavres qu'on y transportait dans une simple couverture. Ce pauvre village est complétement ruiné. Outre une contribution de guerre de 15,000 francs qu'ils durent payer, les habitants se sont vu enlever leurs bestiaux, leurs chevaux, le grain et le foin qu'ils avaient récoltés. Ajoutez à cela une garnison de 250 soldats à leur charge et des logements militaires presque continuels. Tous les hommes valides étaient absents : les uns se trouvaient dans les armées françaises comme soldats, les autres dans les armées allemandes comme charretiers. On n'y rencontrait plus que des vieillards, des femmes et des enfants.

La première fois que je me rendis à Speeckeren, je vis une petite fille de 10 à 12 ans qui pleurait, appuyée contre le mur de sa maison. « Qu'avez-vous, mon enfant ? » lui dis-je en français. (Les enfants, en Alsace, connaissent généralement les deux langues). « Les Prussiens ont enlevé papa, répondit-elle, et ils ont pris nos deux vaches pour les tuer. » Puis elle ajouta en sanglotant : « Maman est malade, et M. le maire dit que mon frère doit encore partir avec les Prussiens, nous allons tous mourir !.... »

Je donnai quelques pièces de monnaie à cette pauvre enfant, et je m'éloignai le cœur serré.

Plus loin, un vieillard, en nous voyant passer, et nous prenant sans doute pour des Allemands, secouait tristement la tête et murmurait dans sa langue : « Pourquoi donc le bon Dieu ne m'a-t-il pas fait mourir avant l'arrivée de tous ces malheurs, dont Napoléon est la cause ?.... Pourquoi ce méchant empereur a-t-il donc voulu faire la guerre ? — Les Prussiens ne nous demandaient rien, et nous étions bien ensemble.... »

« Mais vous allez devenir Prussien, bonhomme, » lui dit un des nôtres, qui parlait l'allemand.

« Ça m'est égal et à mes enfants aussi, pourvu que nous n'ayons plus de guerre, » répondit-il avec conviction.

La dame de l'instituteur, dans la maison duquel l'ambulance belge était établie, me disait en pleurant : « Si Bismarck et Napoléon pouvaient voir ce que j'ai vu depuis la bataille, je suis bien sûre qu'ils ne feraient plus la guerre, sinon il faudrait les appeler des monstres. »

C'est un fait remarquable que tous les campagnards qui ont eu à souffrir du passage des armées, rendent les souverains seuls responsables de leurs maux. Il semble que la guerre soit la conséquence des querelles personnelles de ceux-ci, et

que les peuples ne soient pour rien dans les causes qui
engendrent ces calamités publiques.

CHAPITRE IV.

Une Aventure nocturne.

Il m'arriva, la seconde fois que je me rendis de Saarbruck
à Speeckeren, une aventure si singulière, que je ne puis résis-
ter au désir de la raconter. Les deux localités que je viens de
citer, éloignées l'une de l'autre de huit kilomètres environ,
sont séparées par une suite de collines boisées entourant
une plaine cultivée. C'est là qu'eut lieu la défaite du général
Froissard. On y montre la maison d'où il dirigeait la bataille;
on y indique encore le point culminant d'où, assurent les
gens du pays, le prince impérial a tiré le premier coup de
feu, qui ouvrit les hostilités, le jour de la prise de Saarbruck;
on m'a aussi fait voir l'endroit où le malheureux enfant
a ramassé la balle devenue célèbre. Mais revenons à notre
épisode.

C'était le 31 août. J'avais quitté Saarbruck, vers 8 heures
du soir, en compagnie du docteur M... Le ciel n'était que fai-
blement éclairé par de rares étoiles; un chemin, qui parut
plus court au docteur et que nous prîmes malgré moi, nous
égara. Nous errâmes longtemps éperdus, gravissant les collines, franchissant les ravins, trébuchant sur les tombes des
soldats tués dans la bataille qui s'est livrée en cet endroit
même, foulant aux pieds des casques prussiens et des képis
français, respirant une odeur cadavérique et fétide; tout cela
dans une nuit profonde et un silence de mort. Je laisse à pen-
ser ce que j'éprouvai de fatigue, d'inquiétude, de frayeur
même!

Après quelques heures d'une marche accablante, nous nous sentîmes à bout de forces, sinon de courage. Mon compagnon proposa de bivouaquer, et chercha à me persuader de passer la nuit, comme on dit, à la belle étoile. — La proposition n'était rien moins qu'engageante ; j'avais de la peine à m'y résoudre. — Néanmoins, las et terrifié, je me résignai. Nous nous arrêtâmes donc au milieu d'un immense plateau, dans un champ de trèfle. Nous nous y étendîmes l'un à côté de l'autre, nous recouvrant la tête d'un pardessus que j'avais avec moi. Le docteur ne tarda pas à s'endormir. Quant à moi, je ne parvenais pas à fermer l'œil ; j'étais en proie à une espèce de cauchemar. Une heure ne s'était pas écoulée que le froid me saisit. Je réveillai mon compagnon, et lui proposai de nous mettre en marche pour nous réchauffer. Nous nous levâmes et nous nous mîmes à regarder autour de nous, dans l'espoir de découvrir quelque habitation. Rien n'apparaissait à l'horizon. Cependant le ciel s'était éclairci, les étoiles brillaient plus nombreuses au firmament. Après avoir fait quelques pas, nous rencontrons un chemin. Nous nous arrêtons indécis : le docteur veut prendre la droite ; moi, je propose la gauche. Cette fois mon opinion prévaut. Nous arrivons bientôt dans une immense plaine cultivée ; il n'y avait plus de tombes, mais le sol était piétiné et jonché de débris de toutes sortes : une armée avait dû y camper. J'ai appris le lendemain que les Prussiens avaient bivouaqué en cet endroit, la nuit qui a précédé la bataille de Forbach.

Après une heure de marche, nous descendîmes heureusement dans un petit village situé à deux lieues de Saarbruck. Nous appelâmes devant une maison, en ayant soin de nous tenir à l'abri des coups de fusil qui auraient pu nous être tirés par quelque franc-tireur mal inspiré.

Bientôt une femme apparaît à une fenêtre de grenier et nous demande ce que nous cherchons. Elle avait évidemment peur de nous et parlait un mauvais allemand que nous ne comprenions guère ; il est vrai de dire qu'elle n'entendait pas non plus le langage mélangé de français et d'allemand que nous employions de notre côté. En vain le

2

docteur lui répéta-t-il que nous étions deux infirmiers de l'ambulance de Speeckeren ; que nous nous étions égarés en revenant de Saarbruck, rien ne put vaincre sa méfiance. Pour se débarrasser de nous, elle essaya de nous persuader que Speeckeren n'était pas bien éloigné, et que nous y arriverions en prenant le chemin que nous avions devant nous. Nous dûmes bien nous remettre en route. Après trois quarts d'heure de marche, nous aperçûmes dans le lointain quelque chose que nous prîmes pour un clocher. « C'est l'église de Speeckeren, fit le docteur, nous sommes sauvés! » Et nous voilà marchant tout droit dans la direction de ce prétendu clocher..... Hélas! ce n'était qu'un arbre! De village..... point. Que faire, que devenir? Nous avions froid, nous étions harassés de fatigue, nous mourions de soif et de faim : nous n'avions plus mangé depuis midi; notre souper nous attendait à Speeckeren.

Nous rebroussons chemin et nous découvrons enfin une cabane isolée au milieu de la plaine. C'était, je pense, la demeure d'un douanier. Nous frappons à la porte. Une femme, — il n'y a plus guère que des femmes dans cette contrée dévastée — une brave femme, dis-je, vient nous ouvrir. Nous nous faisons connaître, nous lui racontons notre aventure..... elle a pitié de nous, elle nous offre à boire dans un poêlon. Nous buvons de grand cœur et ayant repris courage, nous nous remettons en marche dans la direction que la bonne femme nous indique. Enfin ! nous apercevons le clocher de Speeckeren ! Dire ce que j'éprouvai de joie à la vue de cette modeste flèche me serait impossible. Je poussai un profond soupir de soulagement.... je commençais à revivre! Hélas! ma quiétude ne fut pas de longue durée. Nous arrivions bien à Speeckeren, mais nous avions oublié que le village était occupé par une garnison prussienne. Aussi, à peine avions-nous mis le pied sur le sol de la commune, que deux soldats, en ronde de patrouille, nous apparurent tout à coup comme deux fantômes au milieu de la nuit « Werda! Qui êtes-vous? Arrêtez! » nous crient-ils en allemand d'une voix formidable et en relevant leurs fusils avec bruit. Nous nous arrêtâmes plutôt

par effroi que par obéissance. « Wir sind Doctoren vom Lazaret von Speeckeren. » (Nous sommes des médecins de l'ambulance de Speeckeren), répondîmes-nous en montrant nos
brassards. « Ist gùt; vorwärts. » (C'est bien ; en avant), dirent
les soldats, et nous passâmes. Trois cents mètres plus loin,
deux autres soldats nous arrêtèrent de nouveau. Le même
échange de paroles eut lieu, et nous arrivâmes enfin à notre
ambulance. La sentinelle nous fit répéter la formule sacra-
mentelle, et nous entrâmes ; il était deux heures du matin.

Nos trois camarades belges dormaient. Deux sœurs de charité veillaient, assises au milieu des malheureux blessés.
L'une d'elles récitait les prières des agonisants auprès d'un
moribond. Le docteur s'en approcha et dit : « c'est la fin ! »
Nous montâmes ensuite dans la chambre où nous attendait
une couche rustique composée d'un bon matelas garni de
longue paille, et étendue sur le plancher. Mon compagnon
s'endormit bientôt. Quant à moi, le sommeil ne me tentait
guère. Je me couchai néanmoins et fermai les yeux en atten-
dant l'aurore. Tout à coup un cri lugubre retentit dans l'ambulance. « Qu'est-ce? » demandai-je effrayé. « C'est le soldat
qui meurt, » répondit le docteur, et il ajouta : « Que Dieu lui
fasse paix ! » Puis il se rendormit, me laissant seul à mes
tristes pensées.

Je me rappelai alors la conversation que j'avais eue l'avant-
veille avec le soldat qui venait de trépasser. « Je vais mourir,
me disait-il d'une voix lamentable, c'est la faute de ma jambe ;
si on me l'avait coupée, je ne serais point mort. » « Il en est
encore temps, on vous la coupera demain, mon brave », lui
avais-je répondu. « Qu'on la coupe donc, oui, qu'on la coupe
tout de suite, » disait-il en pleurant.

Un des médecins m'avait assuré que ce pauvre blessé
n'aurait pu supporter l'amputation et qu'il ne lui restait que
48 heures à vivre. C'était celui-là qui venait de jeter son dernier cri en exhalant son dernier soupir. — Pauvre garçon !

Le lendemain, le curé de Speeckeren, dont le courage et le
dévouement, pendant ces tristes jours, ont été au delà de
toute expression, ce saint et digne homme me remettait

pour la poste dix-sept lettres ouvertes adressées aux infortunés parents des soldats décédés depuis quelques jours dans
sa paroisse. Il y en avait une pour le frère du malheureux dont
je viens de parler. Elle était ainsi conçue :

« Monsieur C. . . . . . à Conesson,
» Canton de Saussure (Vosges).

» Cher Monsieur,

» Votre bon fils m'a chargé de vous prier de remettre cinq
» francs à M. Henbert; il dit qu'il les lui doit. Il a été
» blessé à la jambe dans la terrible bataille qui a été livrée le
» 6 août dans ma paroisse. Il a beaucoup souffert..... il est
» mort cette nuit..... mais, cher Monsieur, consolez-vous, il
» a reçu avec bonheur les sacrements de l'Eglise.

» Tout à vous,
C....., curé de Speeckeren.

Et dire que des parents se sacrifient pendant vingt ans afin
d'élever un fils qu'on leur ravit alors pour l'envoyer mourir
loin du toit paternel, et ne reçoivent pour prix de tant de
sacrifices qu'un petit billet dans lequel on leur dit : « Votre
fils est mort, mais consolez-vous, il a été bien soigné! » ou
bien, — comme je l'ai lu dans plus d'une missive mortuaire,
— « il est mort courageusement..... il est tombé devant l'en-
» nemi.... » et autres phrases consolatrices de ce genre.

Une chose qui m'intriguait avant la guerre, c'était de
savoir quelle attitude prenaient, après une bataille, les uns
à l'égard des autres, les soldats des armées ennemies. — Il
m'a été donné plus d'une fois, à Speeckeren et à Saarbruck,
de constater l'absence de toute animosité entre les soldats
qui, la veille, se vouaient réciproquement à la mort. J'ai vu,
dans l'ambulance de Speeckeren, un soldat prussien laisser
échapper de grosses larmes à la vue des horribles blessures
d'un malheureux troupier français, qu'il avait peut-être voulu
tuer lui-même quelques jours plus tôt.

Peu de temps après, je me trouvais dans une baraque du
lazaret Saint-Jean avec trois officiers blessés, deux français et
un allemand. Ils causaient amicalement et se racontaient la

part qu'ils avaient prise à la bataille du 6 août, et les circonstances dans lesquelles ils avaient reçu leurs blessures. Or, il se faisait que deux de ces officiers avaient été blessés le même jour, à la même heure, et, ce qui est plus surprenant, l'un en face de l'autre, peut-être même l'un par l'autre ; cependant ils sympathisaient et cherchaient à se consoler, à se rassurer mutuellement sur la gravité de leurs blessures. Qu'on s'explique après cela la fureur des combattants et l'acharnement que mettent les hommes à s'entre-tuer sur les champs de bataille !....

Il est une chose à laquelle ceux qui décident de la guerre ne songent pas : c'est aux larmes qu'on verse dans le monde, le lendemain d'une victoire !

CHAPITRE V.

La veuve de l'officier.

Oh ! la guerre est une chose impie! Tenez, je vais retracer une scène épouvantable qui s'est déroulée à Forbach, et dont je garderai longtemps le poignant souvenir.

Un officier prussien avait été tué et enterré avec plusieurs centaines de soldats dans une grande fosse. Huit jours après la bataille, sa femme, ayant appris sa mort, était accourue à Saarbruck; elle voulait retrouver le cadavre de son mari pour le ramener dans le tombeau de sa famille. Pendant une semaine, l'infortunée fit les plus pénibles démarches pour découvrir l'endroit où l'on avait enterré son malheureux époux. Personne ne pouvait lui donner des renseignements précis à ce sujet. On savait qu'il reposait dans cette plaine, mais on ignorait dans quelle fosse il avait été jeté. Pourtant, elle voulait à tout prix retrouver son corps. Ayant obtenu l'autorisation de faire ouvrir quelques tombes, elle enrôle six ouvriers et leur promet 300 thalers, s'ils parviennent à retrouver le cadavre de son mari.

« Venez, disait-elle, nous chercherons ensemble.... je
» vous aiderai dans cette terrible besogne.... Je veux le
» revoir !.... je veux le revoir !.... et l'embrasser encore !...
» mon pauvre Henri, où es-tu ? Henri ! Henri ! réponds-
» moi !.... »

Plus de cinquante cadavres sont déterrés avant d'arriver à celui qu'on cherche La malheureuse épouse demeure constamment près des funèbres travailleurs, passant elle-même en revue tous ces corps en putréfaction, se courbant sur eux et respirant l'infection qu'ils exhalent. — Enfin, elle découvre son mari dans la grande fosse ; elle l'a reconnu à un anneau de mariage qu'il porte au doigt.

« C'est lui ! c'est mon Henri ! » s'écrie-t-elle, et elle se jette, folle de douleur, sur le cadavre décharné qu'elle presse dans ses bras !

Pauvre femme ! comment n'a-t-elle pas succombé à tant d'émotions ?.... Comment n'est-elle pas morte cent fois à la vue de ces corps hideux en pleine décomposition ?... Qui dira ce qui s'est passé dans cette âme, pendant ces horribles exhumations qui durèrent huit jours !....

CHAPITRE VI.

Mort d'un officier français.

Je me souviens d'un autre épisode qui offre aussi un côté bien touchant.

C'était pendant la bataille de Forbach. Le canon tonnait...., les balles sifflaient....., des cris immenses s'élevaient dans les airs obscurcis par la fumée. Au beau milieu du combat, les paisibles habitants d'une petite chaumière, située non loin du champ de bataille, aperçoivent un officier français, qui, grièvement blessé, s'approche en chancelant d'un saule planté à deux pas de leur demeure..... Le malheureux tenait la main fortement appuyée contre sa poitrine, et cherchait à arrêter le sang qui s'échappait avec abondance d'une affreuse blessure..... Arrivé au pied de l'arbre, il s'affaisse et se tord dans les douleurs de l'agonie.

A cette vue, le campagnard, vivement ému, sort de sa chaumière, suivi de deux enfants, et s'élance vers l'officier.

« Courage ! courage ! Monsieur, » dit-il en relevant et soutenant dans ses bras le pauvre blessé. — « A boire ! à boire ! s'écrie le moribond, je me meurs ! »

Aussitôt l'un des deux enfants, une petite fille de 10 ans, court vers la maison et en revient au plus vite avec un verre d'eau.

« Merci ! gémit l'officier, après avoir bu avec avidité....., merci. » — « Cela va-t-il mieux, mon officier ? » — « Oui, mon ami..... ce verre d'eau m'a fait beaucoup de bien. » — Vous sentez-vous la force de venir jusque dans ma chaumière ? — Non, brave homme..... je sens que la vie s'en va avec mon sang..... dans cinq minutes je n'y serai plus.....

« Ne dites pas cela, Monsieur.....espérez..... tout à l'heure, je tâcherai de vous prendre sur mes épaules.... je vous porterai dans mon lit..... je vous soignerai. »

« Merci !..... mais..... c'est inutile..... je meurs !..... ma femme..... mes enfants..... Lucile..... Ed...mond !..... »

Cet effort était le dernier !.... le pauvre officier pencha la tête ; il était mort !.... Ces noms qu'il avait prononcés d'une voix expirante étaient sans doute ceux de sa femme et de son fils !....

Quelques heures après, une fosse fut creusée à l'ombre du saule, et les deux enfants convinrent d'orner la tombe du soldat. Un arbuste fleuri fut planté dans la terre fraîchement remuée.

— Dans le cimetière, il y a toujours des croix sur les

tombes, dit la petite fille..... si nous en fabriquions une?

— Oui! oui, c'est cela, répondit son frère..... j'ai ici précisément deux jolies petites lattes noires. »

Ces deux lattes, attachées au moyen d'une ficelle, formèrent bientôt une croix qui fut placée devant l'arbuste.

« Maintenant, fit la petite fille, en s'agenouillant, prions pour le pauvre officier français ! »

Son jeune frère l'imita, et les deux enfants prièrent avec ferveur, agenouillés sur la terre. — C'est dans cette position que je les surpris au jour, et que j'appris par eux-mêmes ce que je viens de raconter.

CHAPITRE VII.

Découverte d'un cadavre.

J'étais à Speeckeren, le jour de la bataille de Sedan. Tout était calme dans ce pauvre village. Personne ne s'y doutait du grand désastre qui s'accomplissait sur notre frontière. Le lendemain, vers 4 heures de l'après-midi, je rentrais à Saarbruck, en compagnie du docteur C... Le temps était magnifique... nous traversions un petit bois au sud du champ de bataille. Tout à coup, une odeur insupportable se fit sentir.

— « C'est quelque cadavre non enterré, dit le docteur.

— Cherchons, dis-je, à mon tour, la peine ne sera pas grande, le foyer d'infection nous dirigera. »

En effet, l'on ne pouvait se tromper de chemin, tant la puanteur augmentait à mesure que nous avancions. Bientôt un affreux spectacle s'offrit à nos regards ; un cadavre était là, gisant au milieu de l'herbe, la face tournée vers la terre. Il ne portait aucune trace de blessure..... pourtant on voyait du sang sur l'herbe, du côté de la tête. « Cet homme doit avoir succombé à une hémorrhagie, fit le docteur, qui venait d'apercevoir un trou fait par une balle dans la tunique du malheureux ; la balle a traversé la poitrine..... malgré la gravité de sa blessure, ce pauvre troupier aura voulu, dans la crainte d'être fait prisonnier, s'éloigner du champ de bataille, et il sera venu mourir ici. »

Nous répandîmes quelques poignées de feuilles sur la tête de l'infortuné, et nous nous éloignâmes en proie à la plus vive émotion. Après dix minutes de marche, nous aperçûmes une maison, nous y entrâmes pour faire part aux habitants de notre lugubre découverte.

« Le fait n'est pas rare, nous dit la femme. Mon mari a
» encore trouvé deux Français avant-hier sur la colline, à
» un quart de lieu d'ici. Il est allé aussitôt avec une bêche
» pour les recouvrir de terre ; il en fera autant pour le vôtre,
» et tout sera dit. »

« Ne faut-il pas avertir les autorités, lui demandai-je?

— « C'est inutile, fit-elle, en temps de guerre, sitôt trouvé
» mort, sitôt enterré, au plus vite au mieux. Si on les avait
» tous inhumés le premier jour, nous ne serions pas exposés
» à la peste, comme nous le sommes depuis trois semaines.
» Malheureusement tous ces soldats français sont allés
» mourir à tous les coins du bois, et il n'est pas toujours
» facile de les retrouver. »

Le langage de cette femme, qui, comme on l'a supposé sans doute, était Prussienne, fit sur moi la plus pénible impression. Il prouve en effet que l'esprit de *nationalisme*, une des grandes erreurs politiques de notre siècle, est l'antithèse de la fraternité des peuples.

Au moment de notre arrivée à Saarbruck, nous entendîmes le bruit du canon dans la direction de la gare du chemin de fer. En même temps nous vîmes des drapeaux de tous les genres arborés aux fenêtres de presque toutes les maisons ; jamais je ne vis de rues mieux pavoisées.

Nous apprîmes bientôt qu'une importante victoire venait

d'être remportée par les armées allemandes, que Napoléon III était fait prisonnier, etc., etc.

Une certaine agitation régnait dans la ville. Cependant ce n'était pas de l'enthousiasme, mais une joie tempérée par quelque crainte. En effet, le peuple allemand sait aussi bien que le peuple français, que toute victoire est la conséquence d'une bataille, et que toute bataille fait des victimes des deux côtés. Voilà pourquoi, à part les officiers qui affluaient dans les rues, tout le monde se sentait peu porté à la joie.

Lorsque je fus arrivé à notre ambulance, à Saint-Jean, M. E..... me communiqua une dépêche qu'il venait de recevoir du comité de la *Croix rouge*, à Bruxelles, et qui lui mandait d'envoyer tout de suite trois de ses infirmiers volontaires à Sedan, où les dévouements ne pouvaient suffire à la terrible besogne.

Je fus donc prié de partir sur-le-champ. J'assemblai mes hardes à la hâte, et à 5 1/2 heures du soir, je partais pour Trèves avec deux délégués de la *Croix rouge*.

Je ne dirai rien de mes adieux aux pauvres soldats à qui j'avais donné des soins, ni des regrets que j'éprouvai en quittant le personnel de l'ambulance, où je laissai plusieurs amis.

Nous arrivâmes à Trèves, à une heure du matin, le train ayant stationné longtemps avant d'entrer en gare. Nous descendîmes à l'hôtel de Venise, et à 5 heures, nous nous trouvions de nouveau à la station du chemin de fer en partance pour Luxembourg.

La voie qui avait été coupée par les armées, venait d'être réparée, de sorte que nous pûmes gagner Wasserbillig en wagon. Nous étions à Luxembourg à midi, les convois marchant avec une lenteur et une irrégularité désespérantes. Les trains militaires avaient partout le pas sur les autres, si bien qu'on demeurait parfois pendant fort longtemps, au milieu de la voie, pour attendre un train annoncé, qui, le plus souvent, n'arrivait qu'après plusieurs heures de retard. A propos de trains militaires, j'ai oublié de rapporter que, pendant mon séjour à Saarbruck, j'ai assisté plusieurs

fois au passage des convois de blessés. C'était quelque
chose d'indescriptible. Qu'on se figure une suite intermi-
nable de wagons et de fourgons de toute espèce, ornés aux
quatre coins de branchages et garnis à l'intérieur de paille et
de matelas, sur lesquels étaient étendus de pauvres soldats
blessés, à demi morts de douleur, de froid et de faim !

Je me rappelle surtout un soir. Il pleuvait : six grands
convois de blessés passaient devant la gare sans s'arrêter.
On voyait les malheureux se blottir sous leurs couvertures
ruisselantes...... on les entendait pousser des gémissements à fendre le cœur... La population assemblée le long de
la station paraissait exaspérée de ce qu'on ne faisait pas
arrêter les trains afin de lui permettre de procurer des adou-
cissements à ces infortunés; il y avait là toute une foule avide
de leur venir en aide. C'étaient des médecins, des chirurgiens, des infirmiers et des infirmières, portant le brassard
de la *Croix rouge*.

Il y avait aussi beaucoup de femmes portant des paniers
remplis de vivres, de cigares, etc., etc..... Dans le hangar
de la station, on avait préparé tout un matériel d'infirmerie,
des brancards, des litières, des instruments de chirurgie.....
tout cela était dû à l'initiative privée.

La plupart des trains des blessés s'arrêtaient à Saarbruck ;
j'ignore pourquoi il n'en fut pas ainsi pendant la soirée en
question. Mais revenons à Luxembourg. Il était une heure
quand nous arrivâmes dans cette ville. Nous ne pûmes en
partir qu'à trois heures. Une heure plus tard, nous étions à
Arlon ; à cinq heures nous descendions à Libramont. La
petite station de ce village était encombrée de curieux, de
soldats blessés étrangers et de militaires belges.

Nous fûmes très-étonnés d'apprendre que nous ne pourrions partir ce jour-là pour Bouillon. Nous restâmes assez
longtemps à la station pour nous enquérir des moyens d'arriver à notre destination. La pluie tombait à torrents ; les
chemins étaient devenus impraticables; pourtant il fallait
trouver un gîte. Nous prîmes à pied le chemin de Recogne.
La seule auberge du village était remplie de voyageurs :

c'étaient pour la plupart des officiers des armées belligérantes, ou des membres du comité des secours aux blessés,
accompagnant un nombreux personnel de médecins et d'infirmiers. Après une heure d'attente, nous pûmes prendre
place autour de la table où s'était assise, le dimanche pré-
cédent, l'ex-majesté impériale, le prisonnier du roi de
Prusse.

Notre frugal repas étant terminé, nous nous mîmes en
quête d'un logement. M. Olivier, le propriétaire de l'auberge,
nous avait déclaré qu'il lui était impossible de nous héberger,
sa maison étant déjà encombrée de la cave au grenier. Toutes
les habitations du village étaient également remplies de voyageurs. Et pourtant, la pluie tombait toujours, la nuit était
noire, de sorte qu'il nous était impossible de continuer notre
voyage pour aller chercher l'hospitalité plus loin. D'ailleurs,
nous aurions vainement frappé à la porte des rares auberges
situées sur la route de Bouillon.

Par le plus heureux des hasards, une voiture arriva de
cette ville, amenant quatre voyageurs qui se rendaient à Libramont. « Combien pour nous conduire à Bouillon ? deman-
dons-nous au cocher. — Quarante francs ! — C'est convenu. »
— Et nous voilà installés dans la voiture.

Il était onze heures du soir; les pauvres chevaux qui
devaient nous traîner étaient épuisés de fatigue et de privations, de sorte qu'ils ne purent se remettre de suite en
marche; nous fûmes obligés de passer une partie de la nuit
dans notre véhicule stationnant sur la route.

Nous partîmes au lever de l'aurore. A cinq heures du matin,
nous avions traversé Fayt-le-Veneurs et nous étions arrivés
au pied d'une colline que notre véhicule devait gravir. Le
temps était redevenu serein. Comme nous avions les membres raidis par le froid et l'immobilité, nous nous mîmes à
marcher à pied. La route que nous suivions traverse des
landes montagneuses couvertes de ronces, de genêts et de
bruyères. Pas un arbre, pas une habitation n'apparaissaient à
nos yeux. Ce fut au milieu de ce petit désert que nous rencontrâmes une famille de paysans français des environs de

Bouillon. Ces pauvres gens avaient fui de leur demeure à l'approche des armées allemandes, et s'en retournaient anxieux pour voir ce qui restait de leur maisonnette.

Ils étaient quatre : le père, la mère et deux filles adultes. « Une dame charitable de Paliseul, nous dirent-ils, avait bien voulu recueillir les trois plus jeunes enfants. » Les yeux de la mère étaient encore humectés par les larmes qu'elle avait versées en les quittant. Cette pauvre femme nous faisait pitié ; elle se lamentait sur leurs malheurs avec tant de tristesse ! « On assure que les Prussiens ont tout pris et tout
» brûlé chez nous, disait-elle ;.... comment passerons-nous
» l'hiver ?.... nous n'avons plus rien, et la fabrique où mon
» homme travaillait est détruite..... avec quoi allons-nous
» vivre maintenant ?.... Ça ne devrait pas être permis de
» ruiner comme ça de braves gens qui n'en veulent à per-
» sonne. — Je comprends que les soldats se battent et se
» tuent, disait le mari, mais je ne sais pourquoi on fait
» comme ça tant de mal aux pauvres paysans qui ne cher-
» chent pas la guerre. » « Vous avez raison, brave homme,
lui dis-je, mais prenez courage ; il y a encore des cœurs charitables sur la terre, on vous viendra en aide.

Je savais déjà qu'une vaste souscription philanthropique allait s'organiser, en Belgique et en Angleterre, pour secourir les habitants de ces malheureux pays.

« Il le faudra bien, me répondit à son tour la femme ; car
» les hommes ne seraient plus des hommes, s'ils laissaient
» mourir de faim, après leur avoir tout pris, des gens qui
» ne demandaient qu'à travailler pour gagner leur pain quo-
» tidien..... »

Notre voiture nous ayant rejoints, nous y remontâmes. A neuf heures nous étions à Bouillon. Cette petite ville est située dans une espèce de bas-fond qui ressemble à un précipice. On ne l'aperçoit pas avant d'y entrer. Le château qui la domine, et qui, je crois, date de plus de mille ans, est extrêmement élevé ; il est bâti sur une roche escarpée. Vu du pont de la Semoy, l'aspect en est saisissant.

Nous trouvâmes à la caserne de Bouillon une ambulance

importante, où plus de six cents blessés avaient déjà été
amenés de Sedan. On se disposait à les expédier vers l'intérieur de la Belgique, à mesure que l'état de leurs blessures
le permettrait.

Je passerai sous silence la visite que je fis à ces malheureux. Ma plume ne pourrait, d'ailleurs, décrire l'impression
que fit sur moi la vue de ces pauvres mutilés, dont la plupart,
encore couverts de sang, étaient en proie aux plus atroces
souffrances physiques et morales.

La ville de Bouillon était encombrée d'une foule de femmes
et d'enfants de Sedan et des environs, qui avaient fui le théâtre
de la guerre. Ces gens stationnaient sur la place et dans
toutes les rues, s'interrogeant mutuellement sur ce qui se
passait à Sedan. Des bruits exagérés de toutes sortes
avaient cours dans ces groupes : Ici, l'on disait que la ville
de Sedan était livrée au pillage ; là, on prétendait que les habitants y mouraient de faim ; ailleurs, on rapportait que les
Prussiens emmenaient tous les hommes valides pour enterrer
leurs morts.

Je vis une épouse éplorée courir d'un groupe à l'autre pour
s'informer de son mari qu'elle avait laissé à Sedan, et dont
elle n'avait plus eu de nouvelles depuis quatre jours.

Je vis aussi deux jeunes enfants, un garçon de dix ans et
une petite fille de huit ans, s'adresser en pleurant à tous ceux
qui semblaient partir dans la direction de la France, pour
leur demander de les ramener auprès de leur père qui habitait Givonne. Ils avaient été mis sur la route de Belgique, le
matin de la bataille, et ils avaient fui, au bruit du canon, en compagnie de gens effarés qui se sauvaient sur le territoire belge.
Leurs petites ressources étaient épuisées, et ils exprimaient si
bien par leurs larmes le désir d'être ramenés chez eux, que nous
nous décidâmes à les prendre avec nous. Nous montâmes dans
une espèce de carrosse qui devait nous transporter au terme de
notre voyage. Il était 11 heures du matin lorsque nous quit-
tâmes Bouillon. Notre automédon n'était autre qu'un franc-
tireur qui avait déposé le fusil pour le fouet. Il avait été
témoin de la bataille du 2 septembre. Il ne nous épargna pas,

durant le voyage, les lugubres détails sur cette lamentable journée.

En sortant de Bouillon, nous aperçûmes, dans une prairie, à quelques mètres de la borne qui sépare la France de la Belgique, un grand nombre de familles qui s'étaient logées à la belle étoile sur le territoire belge. Nouveaux Bohémiens, ils avaient construit, pour la plupart, des baraques à l'aide de perches et de branchages. Une de ces familles m'a particulièrement intéressé : c'étaient, nous apprit notre conducteur, de petits fermiers de Balau qui avaient fui de leur habitation, emmenant avec leurs chevaux et leurs vaches, un chariot chargé de meubles et de provisions. Tout cela était installé à quelques mètres de la limite française. Trois petits enfants jouaient dans la prairie; le père mettait la dernière main à la maisonnette qu'il avait adossée au chariot et qui était fermée par [des cloisons en paille; la mère surveillait la cuisson d'une marmite de pommes de terre, suspendue au-dessus d'un feu de bois en plein air, et qui devait servir au repas de toute la famille.

A midi, nous étions à Givonne, vis-à-vis de la demeure des deux enfants que nous avions ramenés. Je descendis de voiture pour les remettre à leur père. Le pauvre homme n'était pas chez lui. Une voisine nous apprit qu'il était parti le matin à la recherche de ses enfants. Je confiai ceux-ci à cette femme, et nous continuâmes notre route.

Le village de Givonne avait beaucoup souffert du combat qui s'y était livré. La plupart des maisons étaient criblées de balles et de boulets; la flèche de l'église paraissait fort endommagée. Les gens du village semblaient ne pas être encore complétement remis de leur épouvante. On les voyait debout devant leurs habitations, causer à voix basse d'un air de tristesse et de découragement; observant les soldats prussiens qui occupaient la commune, allant et venant par tous les chemins.

En quittant Givonne, nous nous trouvâmes bientôt au milieu d'un champ de bataille. Des deux côtés de la route, on apercevait de vastes plaines piétinées et parsemées de tombes fraîchement recouvertes ; des cadavres de chevaux gisant encore sur le sol ; des débris de caissons ; des hâvre-sacs, des képis, des fusils, des cartouchières, etc. Tout cela avait un aspect triste, lugubre.

Avant d'entrer dans le faubourg de Sedan, appelé le Fond-de-Givonne, la route que nous suivions forme une espèce de ravin très-profond. Notre guide nous apprit qu'un régiment français ayant voulu le franchir sous le feu de l'ennemi, plus de six cents de ses malheureux soldats y étaient restés. On en avait enterré un grand nombre dans les fossés qui bordent la route ; quelques centimètres de terre les recouvraient à peine. Leurs fusils et des débris de toutes sortes jonchaient le sol. Ça et là des mares d'eau teintes de sang nous rappelaient la terrible boucherie dont ce triste lieu avait été le théâtre. En plusieurs endroits, les arbustes qui croissaient sur les talus avaient été déracinés par les malheureux qui voulaient fuir sous les balles prussiennes. Nous avons cru reconnaître la trace des efforts qu'un pauvre troupier avait faits pour échapper à la mort : blessé sans doute sur le haut de la berge, son corps avait dû rouler au fond du fossé ; là probablement un nouveau coup de feu était venu l'achever. Il n'avait pas été déplacé, on l'avait recouvert d'un peu de terre. Un képi rouge était déposé sur sa tombe. Pauvre enfant !....

Notre automédon avait passé par ce chemin, nous dit-il, le lendemain de la bataille. Il nous décrivit à sa façon le lugubre spectacle auquel il avait assisté ; il nous montra une fosse, où, d'après lui, plus de 60 cadavres avaient dû être enterrés. Il les avait vus gisant sur la route. Nous pûmes, en effet, voir là de nombreuses taches de sang que la pluie n'avait pas complétement lavées. Un grand nombre de chassepots ramassés en tas, non loin de cet endroit, nous confirma les dires de notre conducteur.

Mais bientôt une odeur nauséabonde nous décida à nous éloigner au plus vite de ce lieu terrible. A une heure, nous entrions dans la ville de Sedan.

Cette pauvre cité avait un aspect à la fois navrant et animé, les rues étaient remplies de soldats allemands, se promenant en vainqueurs. Les officiers à cheval galopaient partout, montaient sur les trottoirs sans prendre garde aux habitants qui passaient et qui les regardaient, la mort dans l'âme. Un je ne sais quoi s'empara de moi à la vue d'un contraste si frappant. C'était la première fois que je voyais d'aussi près des hommes de guerre au lendemain d'une grande victoire.

Descendus de voiture, notre premier soin fut de chercher un gîte. Comme bien on pense, tous les hôtels étaient occupés par les officiers allemands. Il n'était pas facile de se caser. Après deux heures de démarches, nous parvînmes à trouver une chambrette où nous pûmes loger. Nous y déposâmes notre valise, puis nous nous mîmes en quête de blessés à soigner.

L'ambulance belge à laquelle nous devions être attachés n'était pas encore organisée, de sorte que nous pûmes nous rendre utiles dans les lazarets qu'on avait improvisés presque dans toutes les maisons de Sedan.

Je me rendis d'abord à l'établissement des Frères de la doctrine chrétienne, où près de deux cents blessés avaient été apportés. Ils étaient étendus sur les planchers des classes, sans autre litière qu'une couverture et un mauvais coussin bourré de paille. Et pourtant dans quel triste état étaient ces malheureuses victimes! Plus de trente d'entre eux avaient des membres emportés par les boulets ou par le scalpel. Rarement, je crois, on avait vu réunies un aussi grand nombre d'affreuses mutilations de l'espèce humaine. Il me souvient que j'eus la pensée, en voyant toutes ces horribles blessures, qu'il est impossible que ceux qui décident de la guerre, aient jamais pu voir une ambulance......

Je demeurai dans l'une des salles de l'école des Frères le reste de la journée, m'efforçant de calmer les douleurs des douze malheureux qui se trouvaient là.

Je me rendis à mon logement vers huit heures. Je me couchai. Malgré la nuit blanche que j'avais passée la veille, malgré les fatigues de la journée, je ne pus presque pas fermer l'œil, tant j'avais l'esprit bouleversé par l'horreur de tout ce qui m'entourait.

Le lendemain matin, je me rendis de nouveau à l'ambulance pour aider au premier pansement des blessés. Cette triste besogne terminée, je me décidai à aller visiter les ruines de Bazeilles, en compagnie de mes deux compatriotes. Un habitant du faubourg de Balan, que nous rencontrâmes en route, consentit à nous accompagner. Nous parcourûmes d'abord un nouveau champ de bataille où les tombes et les débris de toutes sortes témoignaient encore du carnage de la veille.

Bientôt nous arrivâmes à l'entrée du village. Jamais spectacle plus lamentable ne s'offrit à la vue. Un immense amas de ruines encore fumantes, des pans de mur à moitié écroulés, des débris de poutres calcinées à demi recouvertes de décombres noircis, voilà tout ce qui reste de ces belles maisons blanches qu'habitait, il y a quelques jours à peine, une population paisible et heureuse.

Une émotion indéfinissable s'empare du visiteur au moment où l'étendue du ravage de ce vaste incendie s'offre à ses yeux épouvantés.

Jamais, je crois, pareil vandalisme ne marqua le passage d'une armée victorieuse. Les ruines de Bazeilles resteront un éternel monument à la honte de la soldatesque inhumaine qui y a porté la torche incendiaire de maison en maison. Car en livrant aux flammes Bazeilles, on n'a pas seulement détruit de belles habitations, mais on a fait mourir au milieu des plus affreuses tortures un grand nombre d'habitants inoffensifs. Ces malheureux s'étaient réfugiés dans leurs caves à l'approche de l'armée ennemie ; beaucoup y ont péri asphyxiés et ensevelis sous les décombres brûlants de leurs demeures.

J'ai vu les ruines d'une maison où seize personnes avaient trouvé la mort !....... et quelle mort !....... C'était ci-devant un estaminet situé sur la place Communale, en face de l'église ; trois familles entières s'étaient réfugiées dans la cave et tous avaient été écrasés par l'effondrement de la maison en flammes ; leurs cadavres noircis gisaient encore dans leur refuge devenu leur tombeau. Une odeur insupportable s'exha-

lait de ce lieu lugubre ; presque personne, d'ailleurs, n'en avait approché depuis le désastre. Les habitants de Bazeilles avaient fui, terrifiés au bruit du canon et à la vue des flammes dévorant leurs maisons. La plupart n'avaient pas encore eu la force ni le courage de revenir contempler l'emplacement de leurs demeures. Une femme, néanmoins, que nous rencontrâmes non loin des restes de l'église, n'avait pas quitté le village. « Il y a huit jours, nous dit-elle, j'étais riche de
» 50,000 francs ; à l'heure qu'il est, je dois tendre la main
» pour ne pas mourir de faim. Ces trois maisons qui étaient
» là m'appartenaient. J'habitais celle du milieu ; c'est chez
» moi que ces féroces soldats ont mis le feu d'abord. Je n'ai
» pas eu le temps de sauver quoi que ce fût de mon mobi-
» lier ; mes petites économies, mon lit, mes vêtements, tout
» a été dévoré par le feu. Depuis deux jours, je remue en
» vain ces cendres dans l'espoir d'y retrouver quelque chose ;
» le feu n'a rien épargné, pas même les arbres de mon jar-
» din. J'ai juré de ne pas quitter cet endroit, ajouta-t-elle
» d'un ton sinistre ; je veux demeurer entre ces quatre murs
» restés debout ; c'est là que je désire passer l'hiver. »
Cette femme disait tout cela d'un air si étrange, il y avait dans son langage, sa physionomie, ses gestes, quelque chose de si triste, de si dramatique, de si extraordinaire, que j'avais peine à croire mes yeux, mes oreilles. Et pourtant les débris fumants de ses trois maisons étaient bien là, attestant la vérité de ses paroles.
Un peu plus loin, dans la direction du château, nous aperçûmes un pauvre paysan occupé à remuer aussi les cendres de sa maison ; il venait d'y découvrir quelques objets de cuisine assez bien conservés. Chose singulière ! il semblait heureux de cette trouvaille ; il ne se plaignait nullement ; il paraissait même accepter son malheur avec la meilleure grâce du monde. Cet homme avait eu sans doute l'imagination tellement frappée par l'horreur de tout ce qui l'entourait que sa raison était un peu ébranlée. « Venez avec moi, nous dit-il,
» je vous montrerai quelque chose que vous n'avez pas en-
» core vu. » Nous le suivîmes à travers les décombres.

« Voyez-vous, fit-il, là sous ce tas de briques, quelque chose
» de noir...... c'est le corps de ma voisine Françoise D......,
» regardez comme elle est brûlée. » En effet, un cadavre
carbonisé se trouvait là presque à découvert. Nous détour-
nâmes les yeux...... nous nous éloignâmes saisis d'horreur.

En sortant de Bazeilles, dans la direction de la Meuse,
nous aperçûmes au loin ce fameux pont sur lequel, au dire de
notre guide, les mitrailleuses françaises avaient détruit plusieurs centaines de soldats allemands, dont le sang avait
rougi les eaux du fleuve.

Nous arrivâmes bientôt près du château de M. de N......
Une large brèche avait été pratiquée à coups de canon,
du côté de la route, dans le mur qui entoure le domaine.
Une ambulance avait été établie au château. Plus de mille
soldats allemands et surtout bavarois y avaient été apportés
de Bazeilles et des environs. Nos brassards nous donnaient
accès auprès de ces blessés ; nous entrâmes par la brèche.

Nous aperçûmes bientôt au milieu de la pelouse qui s'étend
en face du château une dizaine de tentes qui abritaient, ou
plutôt qui n'abritaient pas les blessés ; la pluie avait détrempé
leurs tristes couches, et ces pauvres victimes grelotaient de
froid sur la paille humide. La plus grande partie du mobilier
du château avait été jetée pêle-mêle dans le jardin ; de riches
tapis de salon, des canapés de velours aux écussons dorés,
des meubles en acajou avaient servi à construire et à garnir
ces singulières baraques. Sur le même terrain, on voyait de
nombreux tumulus sur lesquels on avait planté de petites
croix surmontées de casques bavarois.

J'entrai dans les salles du château où gémissaient côte à
côte un grand nombre de mutilés. Un de ces malheureux me
saisit d'effroi, de pitié et d'horreur. Il avait eu la jambe
droite emportée, et sans doute que le moignon n'était pas
convenablement pansé, car le pauvre patient poussait des
gémissements à faire frémir ; la douleur et la rage étaient
peintes sur sa figure et se manifestaient dans les cris ou plutôt dans les hurlements qu'il faisait entendre. Je n'ai jamais
vu de créature humaine en proie à de plus atroces souffrances,

à un plus terrible désespoir. En nous entendant parler en français sa fureur augmenta : « Retirez-vous c...... de Fran-» çais! » nous cria-t-il, avec une expression horrible. Nous sommes Belges, lui dis-je, et nous ne demandons qu'à pouvoir soulager vos souffrances. — A ces paroles, sa figure changea d'aspect, ses traits redevinrent calmes, et, nous tendant la main, il balbutia quelques mots que je ne compris pas. Je relevai la couverture qu'il avait écartée. Il me regarda faire avec des yeux hagards, puis détourna la tête et se mit à pleurer. Ses sanglots trahissaient autant la souffrance physique que la douleur morale. J'ai su depuis que ce malheureux était mort le lendemain en maudissant la France ou plutôt l'homme qui avait amené la guerre dont il était une des tristes victimes.

Il était quatre heures du soir, lorsque nous rentrâmes à Sedan.

Je me rendis à l'établissement des frères et j'y appris bientôt que trois des douze blessés que j'avais consolés et soignés la veille, étaient morts dans l'après-midi. J'aidai à faire quelques pansements jusqu'au soir, puis j'allai me reposer dans la mansarde qui me servait de logement. Cette fois je dormis d'un sommeil profond toute la nuit.

Le lendemain, je me joignis au personnel de l'ambulance qui venait d'arriver de Bruxelles par Charleville.

Le digne général Plétinckx, qui s'était mis à la tête de cette ambulance, avait obtenu les locaux du Tribunal civil et de la prison de Sedan pour y établir son hôpital. Le jour même nous y reçûmes quatre-vingt-sept blessés français et cinq bavarois. Tous ces malheureux nous furent abandonnés avant l'organisation du service intérieur. Je me souviendrai longtemps de l'embarras dans lequel nous nous trouvâmes pour placer et alimenter tous ces hommes mutilés et affamés. Nous avions avec nous une caisse de biscuits, de la viande concentrée, du Liebig, plus quatre pains achetés à Mézières. Mais qu'était-ce que cela pour tant de bouches? et puis, comment distribuer cette nourriture? Nous manquions absolument de tout, pas de cuisine, pas de vaisselle. Sur ces entrefaites, je m'emparai d'une caisse de Liebig et je me rendis chez la geôlière de la prison. Je la priai de chauffer de l'eau et je me mis à délayer plusieurs pots de Liebig pour en préparer un bouillon. Elle m'aida de très-bonne grâce. Cette brave femme avait un fils dans les mobiles enfermés dans Mézières. Elle en parlait sans cesse, et pleurait d'inquiétude sur son sort. « Quand je vois tous ces pauvres blessés, me » disait-elle, je n'ai plus le courage de vivre. Qu'avons-nous » donc fait pour mériter tant de malheur? Est-ce qu'on va » continuer comme ça à nous prendre nos enfants pour les » livrer aux Prussiens, les tuer, les faire souffrir, les estro- » pier pour le reste de leur vie?...... »

« Prenons courage, Madame, lui dis-je, le bon temps re- » viendra tôt ou tard. Pour le moment songeons à soulager » ceux qui souffrent auprès de nous. Tous ces hommes que l'on » vient d'apporter ici sont affaiblis par les privations et les » souffrances, nous allons tâcher de les ranimer et de les gué- » rir. Nous attendons des vivres de Bruxelles. » « Je l'ai tou- » jours pensé, répliqua-t-elle, en changeant de ton, que la » Belgique viendrait à notre secours. C'est un si bon pays! » A-t-il de la chance de ne pas avoir la guerre comme nous! »

Le bouillon étant préparé, on le transvasa, puis on le distribua dans chacune des salles, en ayant soin d'y ajouter un biscuit pour chaque soldat. Ce me fut un spectacle bien doux de voir avec quelle joie et quelle avidité ces malheureux avalaient la maigre portion qui leur était accordée. « Il y a » trois semaines que nous n'avons mangé chaud, » disait l'un. — « Si nous avions eu du bouillon belge, il y a huit » jours, ajoute un autre, nous aurions eu plus de force pour » nous battre. » — C'est dommage que vous en donnez si » peu, disait un troisième. — Prenez patience, demain vous serez mieux servis. » — « Vive la Belgique! » firent à la fois tous ces braves. — Je le répète, ce premier repas à des blessés affamés me causa de bien douces émotions.

Nous nous mîmes immédiatement à l'œuvre pour préparer le manger. Trois boîtes de viandes concentrées de La Plata étaient tout ce que nous possédions. Je retournai auprès de

la geôlière pour la prier d'apprêter cette nourriture. Elle y
ajouta du sel et force biscuits, et en fit un mets impossible
qui fut distribué et avidement incorporé. De même que pour
le potage, nos pauvres blessés trouvaient qu'on ne leur en
donnait pas assez. Nous leur promîmes que le lendemain ils
seraient mieux restaurés.

Après avoir aidé les médecins à faire quelques pansements,
nous songeâmes à nous préparer un gîte pour la nuit. Une cel-
lule de condamnés fut bien vite convertie en chambre à cou-
cher. Six lits, se composant d'une paillasse, un drap et deux
couvertures, furent apprêtés à la hâte.

Notre personnel se composait de trois médecins, trois
infirmiers volontaires, du général Plétinckx, et de M. l'abbé
X......, aumônier.

Vers 9 heures du soir, alors que déjà tous nos blessés
étaient endormis, un de mes camarades me proposa d'aller
souper en ville. Il ne restait plus rien à manger à l'ambulance. J'accepte avec empressement, et nous voilà parcou-
rant la ville, d'un hôtel à l'autre, pour obtenir à manger à
prix d'argent. Partout, les restaurants étaient encombrés
d'officiers ou de soldats allemands. Ces gens prétendaient
être servis toujours les premiers. D'ailleurs, ils payaient lar-
gement et les hôteliers ne paraissaient pas trop mécontents
de leur donner ce qu'ils demandaient. Après avoir été écon-
duits six ou sept fois, nous nous disposons, à rentrer avec
notre faim, lorsqu'un habitant de la ville, à qui nous fîmes
part de nos mécomptes, nous indiqua un modeste restaurant,
où, nous promit-il, nous pourrions avoir à souper. Nous
nous y rendîmes en toute hâte. C'était une boutique de char-
cuterie. On nous avait recommandé de nous faire connaître
comme membres de l'ambulance belge. « Pouvez-vous nous
donner à souper, dîmes-nous en entrant? — Vous arrivez
trop tard, Messieurs, nous répondit le maître de la maison ;
ces hommes ont mangé tout ce qui nous restait. » En effet,
trois troupiers prussiens étaient là, assis devant une table et
des assiettes parfaitement nettoyées, en train de fumer
d'énormes pipes. « Nous ne pouvons pourtant aller nous cou-

cher sans manger, après avoir soigné les blessés toute la journée, fîmes-nous, en cherchant s'il ne restait plus rien dans la boutique? — J'ai encore là un demi-pain ; je le mets à votre disposition, répondit le patron, en nous avançant un couteau. — Avez-vous aussi de la bière? — Oui. — Servez-nous deux chopes. — Mon camarade s'empara du pain et en coupa deux tartines, que nous mangeâmes avec résignation, en répétant l'adage : A la guerre comme à la guerre! devenu pour nous une triste réalité.

Le lendemain, grâce à l'obligeante intervention du généreux M. N....., banquier à Sedan, et délégué de la mairie pour faire distribuer aux ambulances les choses de première nécessité, nous pûmes obtenir à la manutention et à la boucherie municipale, autant de rations de pain et de viande que nous avions d'hommes à nourrir. De plus quatre soldats valides nous furent adjoints pour le service. A partir de ce jour-là, tout marcha régulièrement. Chacun de nous avait ses fonctions spéciales et s'acquittait de sa tâche avec dévouement. J'ai surtout admiré le zèle de M. l'aumônier. Ce digne curé brabançon ne connaissait pas le repos depuis son arrivée à Sedan. On le voyait sans cesse courir d'une salle à l'autre, consolant les blessés, aidant les chirurgiens et les infirmiers, se faisant le serviteur de tous, relevant les courages abattus, par son exemple autant que par ses paroles, personnifiant, en un mot, la charité chrétienne au milieu de toutes les misères qui nous entouraient. Quand venait la fin de la journée, il supputait le nombre des malheureux à qui il avait eu le bonheur d'administrer les secours de la religion. Il s'occupait aussi d'écrire aux familles des pauvres soldats qui lui en faisaient la demande.

Le brave et philanthrope général Plétinckx était obsédé par toutes les visites que lui faisaient un grand nombre de personnes attirées à Sedan par la curiosité ou par la charité. Les offrandes et les envois de toutes sortes affluèrent bientôt à notre ambulance, venant de tous les points de la Belgique et particulièrement du Comité de Bruxelles.

Dès lors, nous pûmes étendre les bienfaits de la charité à la population de Sedan. Ces pauvres gens avaient, en effet, bien souffert depuis quinze jours : le pain avait été réquisitionné chez tous les boulangers pour les soldats prussiens, et les habitants n'avaient pu en obtenir pendant plusieurs jours. Les indigents n'avaient pas été seuls à souffrir de la faim. Il me souvient qu'un des riches habitants de la ville, le premier jour où nous reçûmes des provisions, vint nous demander du pain pour sa famille. « Si ce n'était que pour » moi, disait-il, je ne ferais pas cette démarche ; mais j'ai ma » vieille mère qui n'a pu avoir que des haricots pour souper » hier soir, et qui a dû déjeuner ce matin du pain noir de » notre chien. » Un autre monsieur, aux cheveux blancs, disait au général Pletinckx, le jour de notre arrivée : « Je n'ai » pu manger depuis vingt-quatre heures, nous sommes » dépourvus de tout ; ma femme et mes enfants souffrent de » la faim. » Et de grosses larmes mouillaient ses paupières. — Un pain et une portion de jambon furent portés par l'un de nous à ce vieillard ; il accepta avec reconnaissance et ne put s'empêcher de pleurer en les recevant.

Heureusement cette disette ne se prolongea pas. Un convoi de farines arriva bientôt et fournit du pain à la population, ainsi qu'aux vainqueurs.

Il était temps ; le commandant de la place avait fait avertir les autorités civiles qu'il se verrait forcé d'expulser de Sedan, dans les quarante-huit heures, tous les habitants, si les vivres continuaient à manquer pour ses soldats.

Le lendemain matin, le digne prêtre qui partageait nos fatigues et nos privations, nous apprit que c'était dimanche ; nous ne le savions pas ; il nous invita à assister à la messe qu'il se disposait à célébrer dans la petite chapelle de la prison. Quelques centaines de nos soldats, les moins blessés, descendirent dans la cour pour assister à la cérémonie à travers le grillage qui servait ci-devant de séparation aux prisonniers. Le digne abbé était fort en peine pour trouver quelqu'un qui pût servir la messe. Un de nos camarades, un avocat de Bruxelles, s'acquitta de cette pieuse besogne avec beaucoup de bonne volonté. Les bonnes femmes de Sedan paraissaient désolées de ce que les offices religieux ne pouvaient avoir lieu comme de coutume.

L'église, de même que tous les bâtiments publics, avait été convertie en ambulance. Près de deux cents blessés y avaient été rassemblés et se trouvaient étendus sur des paillasses rangées depuis le portail jusqu'au pied de l'autel. On y célébrait la messe chaque jour en présence des blessés; mais les bourgeois, comme bien on pense, ne pouvaient y assister. «Et pourtant, me disait une Sédanaise qui venait tous les matins apporter des douceurs à un de nos blessés dont elle connaissait la famille, c'est bien le moment de prier le bon Dieu; car, s'il ne nous envoie sa grâce, je ne sais ce que nous allons devenir avec cette affreuse guerre. »

J'ai constaté plus d'une fois, en France, que les gens du peuple avaient, dans les malheurs amenés par la défaite de leurs armées, plus d'espoir en la Providence, que dans le courage des généraux et des soldats qui se battaient pour défendre le sol de la patrie. « Si Celui d'en haut ne vient à notre » secours, me disait encore une mère de famille dont le fils » était prisonnier de guerre, la France est perdue pour tou- » jours; les Prussiens feront de nous tout ce qu'ils vou- » dront. »

Nous manquions de linge dans notre ambulance. Plusieurs caisses venues de Bruxelles étaient restées à Givonne, d'où l'on nous avait fait dire de venir les prendre.

Malheureusement nous n'avions pas de véhicule à notre disposition. Toutes les voitures et chariots qui n'avaient pas passé la frontière, avaient été réquisitionnés par les Prussiens.

L'idée me vint d'aller réclamer du commandant de la place une voiture pour quelques heures. Porteur d'une petite lettre du général qui nous dirigeait, je me rendis à la sous-préfecture où je fus admis à parler à l'officier prussien qui commandait la ville Il me reçut avec beaucoup de courtoisie, mais ne pouvait me procurer ce que je sollicitais; il me conseilla de m'adresser à l'ambulance allemande établie dans une grande maison près du pont de la Meuse. Je trouvai là trois délégués de la Croix rouge appartenant au comité d'Aix-la-Chapelle. Ces Messieurs mirent bien volontiers à notre disposition le linge qui nous manquait, mais ne purent nous fournir de véhicule pour aller à Givonne. Ils n'en possédaient pas plus que nous. Un de ces messieurs m'accompagna même dans plusieurs maisons de la ville en offrant un bon cheval pour rien à celui qui voudrait prêter une voiture pour vingt-quatre heures. En temps ordinaire, cette proposition eût été bien vite acceptée. Il n'en fut pas ainsi ce jour-là. Les voitures étaient devenues introuvables, mais en revanche les chevaux étaient sans valeur. On en voyait même circuler en liberté dans les rues et sur toutes les places publiques. Ces pauvres animaux mouraient de faim. J'en ai vu par centaines tombant d'inanition aux portes de la ville. Ils avaient mangé l'écorce de tous les arbres qu'ils avaient pu atteindre. Personne ne songeait à les secourir. Les meilleurs avaient été ou abattus pour la boucherie ou emmenés par les paysans des environs. J'ai su depuis, que 10,000 de ces pauvres animaux avaient été capturés par les Allemands, qui en avaient choisi une partie pour remplacer ceux des leurs qui avaient succombé.

Les autres avaient été abandonnés, sans nourriture, autour de Sedan. Plus de 6,000 étaient morts de faim. J'en ai vu pour ma part plusieurs centaines étendus dans une prairie sur les bords de la Meuse. Ils avaient dévoré jusqu'aux racines de l'herbe, de sorte que le terrain où ils se trouvaient ressemblait à un champ nouvellement travaillé. Ce spectacle avait quelque chose de cruel, d'écœurant. Quelques mules qui avaient résisté plus longtemps, se traînaient encore entre tous ces cadavres. Un grand nombre aussi avaient été roulés dans la Meuse, au risque d'empoisonner les populations qui habitent les pays traversés par ce fleuve. Heureusement pour les Sédantais, que ces faits se passaient en aval de la ville.

LES PRISONNIERS DE GUERRE

Le 8 septembre, vers quatre heures du soir, je vis défiler devant notre ambulance le plus triste cortége que, je crois, je verrai de ma vie. C'était le corps des officiers de l'armée Mac-Mahon partant pour l'Allemagne. Ces pauvres vaincus avaient passé plusieurs nuits à la belle étoile, exposés à la pluie, et privés presque complétement de nourriture. Ils paraissaient bien malheureux. On les avait tous désarmés ; la plupart s'appuyaient sur une canne de voyage ; il y avait dans leur démarche quelque chose d'extraordinaire, de si triste, et de si fier à la fois, que des larmes roulaient de tous les yeux de ceux qui se trouvaient sur leur chemin.

Ayant remarqué que ces nobles victimes de la guerre acceptaient avec reconnaissance les vivres et les cigares que quelques bonnes âmes leur offraient au passage, nous courûmes, deux de mes camarades et moi, chercher à l'ambulance du pain que nous nous mîmes à découper sur le trottoir, et à offrir à tous ceux que l'escorte nous permettait d'atteindre. J'ai vu plus d'un colonel à la figure amaigrie par le chagrin et les privations, tendre la main pour recevoir un morceau de pain, après avoir essuyé une larme qui tombait sur sa vieille moustache, et partager ensuite cette maigre portion avec ses compagnons d'infortune. J'en ai vu plus d'un nous envoyer un baiser de main en signe de reconnaissance. Ce spectacle était vraiment triste. Il y avait là environ huit cents officiers de tous grades, trahis par la victoire et forcés d'abandonner la patrie envahie, pour aller dans les forteresses de l'Allemagne manger le pain amer de la captivité.

Je me fais un devoir d'ajouter ici que les militaires prussiens qui formaient l'escorte, paraissaient traiter convenablement leurs vaincus. Ceux qui étaient blessés ou par trop affaiblis pour marcher à pied avaient pu monter sur les voitures qui transportaient les bagages. Ce lamentable défilé dura vingt minutes.

Lorsque nous eûmes épuisé notre provision de pain et de cigares, nous dûmes voir passer les derniers sans pouvoir rien leur offrir. C'est alors que j'ai vu notre bon aumônier pleurer d'émotion, et notre brave général se retirer pour cacher les larmes que lui arrachait la vue de tant de honte et de malheur.

Mon ami l'avocat trépignait de colère ; l'humiliation où étaient tombés ces nobles soldats l'exaspérait. Beaucoup d'habitants de Sedan se tenaient sur le seuil de leurs portes, les uns offrant des vivres et du tabac aux nobles prisonniers ; les autres se tenaient debout, la tête découverte, par respect pour le malheur. Les officiers les saluaient en soulevant leurs képis. Le triste cortége était depuis quelque temps éloigné, qu'un morne silence régnait encore dans les rues qu'ils avaient parcourues.

Quelques heures plus tard, je fus témoin d'une scène non moins touchante que celle que je viens de raconter. Une centaine de soldats affamés et mourant d'inanition, avaient été amenés en ville, du camp où ils étaient détenus, pour huit jours, par quelques âmes charitables qui avaient obtenu l'autorisation de les arracher à la mort. Ces malheureux étaient assis sur la bordure du trottoir qui longe la petite place en face du théâtre de la ville. De bonnes gens se trouvaient là, leur offrant des aliments que la plupart ne pouvaient plus incorporer. La souffrance et la mort étaient peintes sur presque toutes les figures. On en voyait qui n'avaient plus la force de se soutenir ; quelques-uns étaient couchés tout du long sur les pierres, et fermaient les yeux comme pour dire : laissez-moi mourir. Toutes les femmes qui étaient là pleuraient. Les hommes disaient que c'était un crime de laisser périr de faim des créatures humaines. Deux médecins administraient des potions d'eau-de-vie coupées d'eau tiède. Ce remède paraissait les ranimer un peu et leur faire du bien.

Il était huit heures du soir, quand un médecin militaire

donna ordre de conduire ces hommes à la caserne. Quelques-uns se relevaient péniblement et marchaient en s'appuyant sur le bras d'autres camarades moins abattus; mais le plus grand nombre dut être transporté sur des brancards.

Un monsieur qui regardait ce pénible tableau en même temps que moi, m'apprit que le lendemain et les jours suivants il nous serait donné de voir passer les 60,000 prisonniers que les Prussiens avaient désarmés et qu'ils tenaient parqués dans la presqu'île formée par la Meuse à une demi-lieue de la ville. Ceux-ci venaient de là, ajouta-t-il; ce sont les plus malades, mais on peut juger, par le triste état où ils se trouvaient, combien ont souffert ces malheureuses victimes de la guerre.

En effet, le lendemain, vers dix heures du matin, à peine avions-nous terminé le pansement de tous nos blessés, que je vis s'avancer dans la direction de la Meuse, une troupe, ou plutôt une foule d'hommes qui avaient été des soldats. Ils étaient entourés de Prussiens et de Bavarois qui les escortaient l'arme au bras ou le pistolet au poing. Les officiers qui commandaient l'escorte étaient à cheval. Jamais je ne vis une réunion d'hommes d'un aspect plus lamentable. Ces prisonniers marchaient en désordre, appuyés sur d'énormes bâtons; ils étaient déguenillés et couverts de boue. Tout en eux annonçait la misère, les privations, la fatigue et la faim. C'est qu'en effet, comme je viens de le dire, tous ces malheureux avaient dû camper, depuis leur défaite, sur les bords de la Meuse, exposés à la pluie, sans nourriture, sans tentes. Un grand nombre avaient succombé aux souffrances.

Notre ambulance avait heureusement reçu, la nuit précédente, deux cents pains de bonne farine, envoyés par la ville d'Arlon.

Notre général nous avait autorisé à en distribuer cinquante aux prisonniers dont le passage nous avait été annoncé. Deux grands paniers avaient été découpés et apportés sur le trottoir pour être distribués.

A peine en avais-je donné quelques tranches que ces pauvres prisonniers, s'apercevant que tout ce pain leur était destiné, se ruèrent sur moi, ou plutôt sur mon panier, qu'ils vidèrent en un clin d'œil.

Une bagarre épouvantable s'ensuivit. J'eus toute la peine du monde à en sortir sain et sauf. Voyant la difficulté de distribuer convenablement les vivres de cette façon, nous nous décidâmes, mon ami l'avocat et moi, à monter au balcon.

De là nous continuâmes notre distribution en laissant tomber du pain dans la rue.

Plus de cinq cents prisonniers élevèrent à la fois leurs mains avides vers nous, en criant : « Et moi, Monsieur, je » meurs de faim, je n'ai pas mangé de pain depuis cinq » jours ! » Ceux qui avaient eu le bonheur d'en attraper plus d'un morceau se voyaient arracher par leurs compagnons d'infortune tout ce que leurs doigts ne pouvaient enserrer; de là des cris de colère, des coups de poings, des luttes : c'était un spectacle honteux et triste à voir.

Les soldats de l'escorte se démenaient pour faire continuer la marche. En vain leurs cris de « vorwart » se mêlaient-ils aux cris de ces malheureux. Ceux qui n'avaient pu rien attraper refusaient d'avancer. Bientôt un officier à cheval arriva, qui ordonna de forcer ces hommes à marcher. Ce fut alors une bagarre indescriptible et doublement horrible : d'un côté des soldats armés obéissant à la voix de leur chef, bousculent, culbutent et frappent à coups redoublés, de malheureux prisonniers épuisés par la fatigue, la douleur et la faim, et dont tout le crime est d'avoir été trahis par la victoire; ceux-là crient : « vorwart, vorwart », ceux-ci répètent : « J'ai faim ! j'ai faim ! » Et dire que la plupart de ces hommes sont de nobles enfants arrachés à la tendresse de leur famille par le fléau de la guerre, et qui, certes, ne seraient jamais descendus à ce degré d'avilissement, qui n'auraient jamais connu d'aussi cruelles souffrances, si une loi injuste, impitoyable, inhumaine, ne les eût enlevés à leurs foyers pour en faire des soldats. Mais revenons à notre récit. Un des soldats de l'escorte s'en prenait à moi du désordre qui se produisait, lève son fusil armé vers le balcon où je me trouve, et me mettant en joue, menace de faire feu, si je ne me retire. Je fis deux pas en arrière, en saisissant le panier à demi-vide qui se trouve là, je le verse d'un mouvement rapide au milieu du groupe qui se débattait au-dessous de moi; puis m'esquivant, je me rends précipitamment à une fenêtre du rez-de-chaussée, à l'extrémité du bâtiment où se trouvait déjà mon ami l'avocat.

Une centaine de pains nous restaient encore à distribuer. Nous les laissons tomber un à un à travers les barreaux de la croisée. Je ne vois pas la scène qui se passe dans la rue, mais j'entends les cris épouvantables que poussent ces malheureux; je distingue le bruit des crosses qui frappent, des prisonniers qui se bousculent, s'écrasent, tombent et marchent les uns sur les autres.

Bientôt plusieurs soldats de l'escorte arrivent sous la fenêtre et dirigent leurs baïonnettes vers nous.

Décidés à livrer aux malheureux affamés tout ce qui leur est destiné, nous continuons à lancer des pains malgré les armes qui nous menacent. Un fer meurtrier effleure la poitrine de mon ami; néanmoins, accroupis sous la fenêtre, nous jetons toujours du pain. Mme B..... de Namur, qui se trouve près de nous, nous supplie de nous retirer : « vous allez vous faire tuer, » s'écrie-t-elle alarmée. Nous leur donnerons tout, disons-nous, comme exaspérés et hors de nous-mêmes. En effet, tous les pains s'en vont un à un ; plusieurs restent mêmes engagés dans les baïonnettes qui gardent la fenêtre. La provision est épuisée ; nous nous retirons.

Cinq soldats bavarois demeurèrent là en faction, jusqu'à ce que ce lamentable cortège se fût entièrement écoulé. Ainsi finit ce triste épisode.

Ici la description de ces scènes poignantes s'arrête brusquement. On dirait que le narrateur a été interrompu au cours de son récit : c'est qu'effectivement le spectacle prolongé de tant de souffrances et de désolations devait affecter profondément une nature aussi généreuse, aussi sentimentale, aussi impressionnable que celle de l'auteur de cet opuscule.

Trois semaines de séjour aux ambulances avaient suffi pour avoir raison de ce tempérament de fer que nous avons connu chez Oger Laurent.

Au lendemain de Sedan, fatigué, brisé, malade, amaigri, l'ambulancier novice quittait de force le théâtre de la guerre, et le 6 septembre, il entrait en traitement à son domicile, rue des Douze-Apôtres, à Bruxelles.

Des soins, du repos, les ressources merveilleuses de la jeunesse et surtout un régime intelligent sous l'habile direction du docteur V. H. le remirent promptement de cette maladie

Trois semaines d'émotion avaient suffi pour culbuter Oger ; quinze jours de soins le rétablirent. Mais la plus élémentaire des précautions lui conseillait de tenir éloignés de son esprit, jusqu'aux souvenirs des scènes navrantes dont le spectacle écœurant l'avait plongé dans un si pitoyable état.

Il ne retraça donc point la suite du tableau des ambulances dont on vient de parcourir l'ébauche. Cet aperçu si simple et cependant si émouvant des maux qu'entraînent les horreurs de la guerre a été écrit sans retouche, sous forme de feuilles volantes : *currente calamo*, selon l'expression latine.

Il ne faut chercher dans cette esquisse ni art, ni effets de style, mais voir ce qui s'y trouve réellement : une peinture vraie, désolée des maux de la guerre et inspirée par un cœur ému et compatissant à la vue de ceux qui les souffrent. On regrette que ce petit mémoire finisse aussi inopinément. Il y manque les réflexion d'Oger Laurent à la suite des terribles journées de Sedan et de Bazeilles. Ces réflexions n'ont point été écrites, mais nous qui les avons souvent entendues, nous pouvons attester qu'elles étaient propres à inspirer l'horreur de la guerre et à exalter l'amour de la paix entre les hommes. Nous croyons en trouver un écho fidèle dans ces phrases tirées d'Erkmann-Chatrian (*Invasion*) :

« Ceux qui n'ont pas vu ces choses-là sont bien heureux. — Ah ! si les hommes pouvaient s'entendre, s'aimer, se secourir ; s'il n'y avait jamais ni pestes, ni guerres, ni famines ; s'il ne s'élevait point d'injustices .... etc., la terre serait un véritable paradis ! »

www.ingramcontent.com/pod-product-compliance
Lightning Source LLC
Chambersburg PA
CBHW051721050726
47598CB00003B/996